SANS PEAU QU'IL ME FAUT

Poèmes d'Alice Elm

ALICE ELM

SANS L'EAU QU'IL ME FAUT

Poèmes

WWW.CORESI.NET

Ce livre est publié en éditions électroniques et imprimées.

Illustration de la couverture: https://pixabay.com/photos/rain-drops-rainy-wet-droplets-455120/
Couverture: Leo Orman

© 2019 Coresi Publishing House SRL, WWW.CORESI.NET

ISBN: 9781672833301 (KDP Print edition)
Tous droits réservés.

Pour plus d'informations sur ce livre, contactez l'éditeur:
coresi@coresi.net

www.coresi.net
www.ePublishers.us
www.LibrariaCoresi.ro

SOMMAIRE

9	QUÉBEC MONTRÉAL
11	MALI
12	NOMADE
15	RUE MONT-ROYAL
17	14 FÉVRIER
19	ALLÉGEANCES FLUCTUANTES
21	MARS
23	EN VÉRITÉ
25	PAVLOVA
27	FUIR
29	ENCORE
31	À ÉMILE
35	KEATS
37	METTRE FIN

39	LA BELLE DAME SANS MERCI (KEATS, TRADUCTION)
42	L'ÉTÉ
44	VERS DÉCEMBRE MALAIMÉ
46	PLUS TARD
48	PRÉDESTIN
49	ENCELADE
51	CET ÉTAT-LÀ
53	MERCREDI MATIN
54	BIS
55	PUR
57	ABSURDE
60	CHAILLOT
62	NOCTURNE
65	LA NEIGE DE MARS
67	IL FAUT
70	LE SOURIRE DU MOINE
72	AU TSS
74	L'EAU QU'IL ME FAUT
76	ILLUSION

SANS L'EAU QU'IL ME FAUT

77	RIMOUSKI
78	OTTUBRE
80	ARGHHH
83	SANS TRANSITION
85	JE QUITTAIS
89	LE MASQUE
91	ENCORE
94	ALLEGRI
97	EXPLORATEUR
99	PLUS CAPABLE – BIS
102	PERPÉTUITÉ

QUÉBEC MONTRÉAL

Rassurés,
nous traversons un fleuve figé,
couvert d'aspérités.

Son état stationnaire
n'est qu'illusion,
sournoisement,
comme tout reptile,
son corps infini glisse
sous une lame de rive.

Ma fascination doit être brève,
quand se révèlent
quelques mares troublées
de ce sang sombre
qui le constitue.

Déjà,
La Chaudière ne bouillonne plus
que par quelques vaisseaux à découvert.

La caravane nous emporte
traversant des fragments de steppe,
où quelque gibier,
hors du pacage,
fuit le métal gémissant
en sursautant et en sautant.

Bien que mortel,
le verglas a tout enjolivé
et la floraison n'est que bouquets de givre
et tout ce qui veut survivre
se tend vers l'infini
en fractale de brillance.

MALI

les erreurs de jugement,
celle qui a compté avant
ou celles qui comptent,
les rappels du passé,
les passés,
les gifles à l'orgueil…

L'amour ne se soucie pas de ces détails,
il est complet par lui-même
et s'étonne de ces échafaudages satellites.

Seulement,
ne laisse pas cette population extra amour
nuire à sa survie.

Que fais-tu aux commandes de cet étrange
véhicule?

Retourne dans le cœur de l'amour.

Retourne.

NOMADE

Mon talent pour apprécier vivre
quand je suis chez moi,
au chaud,
dans mon lit
et mes habitudes de célibataire,
est mince.

Je devrais être nomade,
malgré l'absence de commodités,
malgré le froid possible,
je devrais m'endormir
et me réveiller,
veillée par les étoiles.

D'ailleurs, l'été,
j'ai peine à comprendre
pourquoi je ne peux pas dormir dehors
ou pourquoi je n'ose pas dormir dehors

SANS L'EAU QU'IL ME FAUT

ou pourquoi je ne m'équipe pas d'un lit de camp
pour dormir dehors.

Le bonheur de faire un premier pas dehors
domine le bonheur de retrouver chaleur et confort.

Je devrais être nomade
et peut-être l'étais-je
et peut-être que je regrette
la liberté de vivre hors les murs.

Une rom peut-être.
Mais aussi les plaines de Mongolie.

Pas d'errance à une latitude plus chaude.
Que le froid sur mes joues quand je m'éveille.

Ou tout simplement, une vie autochtone.
Être protégée du froid par la neige elle-même.

Tresser des paniers me manque
ou réaliser les poteries à buts pratiques,
un contenant pour une braise
ou d'autres objets plus décorés

pour les échanges commerciaux
et les curieux amoureux de ces arts.

Gratter la graisse des peaux me manque
ou en composer un vêtement pratique
ou sacré.

Balayer un sol de terre et de paille me manque
et ne plus désespérer de cette poussière.

Je m'ennuie de replier les couvertures de laine
ou les fourrures
pour faire place à la préparation du bannock.

Je m'ennuie de touiller la braise pour que le feu
reprenne
avec la touffe de poils que j'y ai placée.

Mon sang nomade s'agite
dans tous les sens.

RUE MONT-ROYAL

et puis, chemin retour

il devrait y avoir un rayon
ou plusieurs
qui jaillissent de moi

et je ne devrais pas être seule
à m'étonner et rayonner

à l'heure qu'il est
ma force devrait être moindre
et ma faim exprimer un vide

mais non, tout va

et malgré l'omniprésence des vitrines
comme enfilade de pacotille
malgré le kilo de miel
et l'ancre des griottes hongroises

malgré le mal du froid
au bout de mes doigts
et ce bus qui tarde par là
mon corps veut flotter de par la ville
dans ce blanc de blanc...

alors je marche un peu
à défaut de courir
pour m'envoler

lisant sur mon visage
et mes lèvres
le degré environnant

et mon corps célèbre cette merveille
en traversant ce blanc de blanc

je suis prise d'un bonheur
et me laisse enchanter

et trouve un repos réel
dans le génie incarné

de la ville assiégée
d'une neige de février

14 FÉVRIER

Dès l'ouverture de la porte,
la ville me percute
d'un Valentin
multidimensionnel.

Cette qualité de lumière
comme une mélodie
sur la rue qui descend,

dans un plaisir si intense
au premier regard,
que je peine à m'expliquer
cet état soudain de bonheur fou

comme si l'hyperréalisme
était une clef de paradis
et les banalités,
des offrandes amoureuses

et ne plus jamais oublier que,
ce matin,
dans un silence étonnant
(où donc est tout le monde?)
sous un ciel à peine embué,
j'ai dû admettre
qu'enfin,
l'hiver
que je n'arrivais plus à aimer,
m'avait fait une cour réussie.

ALLÉGEANCES FLUCTUANTES

La masse critique,
Il l'attend,

bien que le temps fasse poids plume
là où Il est,
dans l'omnipotence,
dans le cœur du Génie Créateur
et Sa bienveillance.

La masse critique,
Il l'espère.

C'est Sa mission,
Sa raison d'avoir été,
Sa raison d'avoir vécu
comme nous

et Il attend et espère aussi
pour honorer Sa mère,
Sa complice,

toujours près de Lui,
toujours en Lui,
quasi indissociables,

tous deux sollicités,
noyés de prières,
mais pas encore assez,

tournés vers la masse critique
à nouveau critiqués par cette masse
et ses intensités fluctuantes,
retardant sa propre ascension.

Si seulement nous nous doutions de l'extase,
de ce *nec plus ultra* de possibilité extatique

et Il attend et espère
que nous, hors de la masse critique,
ayons foi qu'Il a raison.

C'est l'universalité de Sa mission
d'espérer et d'attendre notre conversion,
oui, la nôtre,
de la masse critique.

MARS

Ma fenêtre est cet écran oriental,
une œuvre délicate
dont les limites se couvrent
d'éphémères boutons blancs

et ces fleurs inégales
dessinent des cœurs oblongs
où le nord se devine.

Tous les dieux d'une tempête
dansent autour des vieilles pierres
qui ont veillé bien d'autres excès

et leurs fougues combinées
couvrent ma fenêtre d'un jardin
de cerisiers en fleurs,
y dessinant le quadrilatère d'un parc,
vu du ciel,
mais blanc.

Tous les dieux peuvent danser,
secouer des spectres de poussières
ou gémir entre les branches,
leurs extravagances sont inoffensives,

car s'il y avait d'autres sols,
eussé-je eu le choix,
je crois bien que c'est cette Terre
qui me plairait le plus
et que je la choisirais à nouveau
pour y vivre.

EN VÉRITÉ

Ma vie est flottante,
je vis au pays de l'attente.

Je tue le temps,
parfois constructivement,
pas toujours intelligemment.

Je suis séparée d'un jumeau
ou d'un alter ego.

Je suis seule au monde
malgré toute rencontre,
malgré tous mes engagements.

Je suis seule,
l'alter ego est disparu
trop tôt.

Alors je ne tiens pas à cette vie
où l'amour ne peut être investi.

Non, je ne tiens plus à cette vie,

mais je tiens à Dieu
et à Sa présence
au pays de l'enfance.

PAVLOVA

Pourquoi me faut-il tant de pas
pour venir chercher de Ta présence,
de Ta substance?

pourquoi ce devoir auto-imposé
de m'unir à ceux qui, comme moi,
n'ont plus aucun doute?

Me voilà au rendez-vous
bien avant la foule,
agenouillée sur une planchette de bois
qui a perdu son coussin
(les millions ne pleuvent pas
pour tout réparer)
alors que mon réveil était plutôt aigre.

Il ne me faut que quelques instants
pour ressusciter

près de Tes bras tendus
et cet amour s'agite,
vivifié déjà
à feu doux.

Tant de pas
et un prie-dieu trop dur
valent la peine
pour retrouver ce feeling Dieu.

Toutefois, le plus étonnant
c'est que ça marche.

Ça marche!

FUIR

En cette campagne de suppression de tout désir,
absolument en rébellion contre toute routine,
ailleurs,
je veux être ailleurs.

Retardataire au Sanctuaire,
malgré ma course,
parmi les orants, hier,
(certains prosternés)
le jour d'hui, lui,
est absolument en rébellion
contre un chemin très fréquenté,
et ailleurs,
il me faut être ailleurs.

Cette frontière invisible,
la prison des habitudes,
il faut en déjouer la gravité,

faire preuve de ruse,
trouver la mission qui fera diversion,
créer LA brèche

Secrètement,
je projette de traverser,
et effectivement traverse,
ce mur d'inertie,
me faufilant vers la ruelle,
fuguant,
mine de rien,
vers un ailleurs.

ENCORE

Quand je pense à toi,
c'est Noël en avril
comme en novembre
et l'eau est délicieuse sur Mars.

Je suis colorature,
Eleonore Duse
et Isadora Duncan
à la fois.

On s'empresse de me servir au Ritz
me protégeant de la foule, du bruit
et des vagues scélérates
quand je pense à toi.

Les cœurs cicatrisent,
sept milliards travaillent pour la paix,
il n'y a qu'une religion de tolérance

et tout est buisson ardent
quand je pense à toi.

Quand je pense à toi,
je subis un changement climatique,
des icebergs turquoises me rafraîchissent
et il neige pour le skieur.

Quand je pense à toi,
la terre frémit et frissonne
sans me secouer.

Tout concept de malheur ou de fin
s'est désagrégé,
tout est justifié
et PASSÉ est le nom d'un parfum.

Les déserts songent à verdir,
les rivières fossiles à surgir,
la mort se dévêt de la peur

et je fonds comme cire
dans un vent maternel

quand je pense à toi.

À ÉMILE

la chambre dix
j'aime qu'elle soit justement disponible
le soir anniversaire de ton triomphe

et que l'eau au petit lavabo
étanche ma soif

la fraîcheur est envahissante
sans qu'un moustique ne s'y invite
encore
et j'aime que le saule y tende ses feuilles
que je pourrais toucher du petit balcon
si je l'occupais

dans la chambre dix
je m'étonne de la peinture écaillée
du tapis saturé
et que la chose se tolère

mais à ce prix
qu'elle ne paie pas de mine (pour ce que ça veut dire)
la chambre dix
me fait seulement sourire

dans la chambre dix
l'écho des voix est différent
sur les façades rapprochées

tout comme la note unique d'un pépiement
avant le silence du souper
dans la trame de la rumeur automobile
au loin

dans la chambre dix
me parvient aussi un bruit de ferraille
que je n'ai pas la curiosité
d'identifier

des voix votent leur indépendance
un peuple plus jeune s'apprête à fêter

je suis venue pour retrouver
un peu de ton existence

SANS L'EAU QU'IL ME FAUT

dans la proximité de tes heures inspirées
mais voilà
mon capitaine décrit son encre
à deux pas

et je suis inquiète pour ce jeune homme
qui souffre autant que toi

et puis voilà
la journée était chargée

je suis un oiseau de trop triste augure
la vie aurait-elle tant à offrir?
je ne vois rien qui compte
sur son plateau

dans la chambre dix
je me contente de bleuets et d'un mélange de noix
puis je m'adresse au Seigneur
de façon plus structurée

je suis revenue
dans la chambre dix
pour retrouver la fraîcheur de ton soutien

je m'enroule d'une courte-pointe
doutant
que je reviendrai un jour dormir
dans la chambre dix

KEATS

Un poète m'intéresse,
on veut m'entretenir de sa vie.

Tournée vers lui,
je l'interroge,
quel serait la musique de ta poésie traduite,
Keats?

Je soupèse le volume
et retrouve là,
au coeur du recueil,
à une page près,
la belle dame,
celle dite sans merci.

Ah oui, c'est bien elle
couronnée de ce titre,
c'est bien elle qui me rappelle ce hère

piégé dans son rêve
d'une femme biface.

Je me promets d'être attentive
au rythme de sa ballade
et de rédiger une réponse
au jeune homme
sans rien lui épargner.

METTRE FIN

les mots n'ont pas pris de pause,
non,
elle leur fut imposée
par moi

me méfiant d'une accusation de redondance,
me méfiant des obsessions émotives
et stériles

ils étaient là pourtant, toujours,
parfois notés
parfois trop volatils

parfois le réflexe de les retenir
ne réanimait pas la main,
comme morte,
désillusionnée, découragée
et à quoi bon?

et parfois
tant de facettes du même joyau
furent décrites

pourquoi ne pas vous laisser
imaginer le reste?

et pendant cette pause
j'ai préféré l'oubli
dans une routine aveugle,
dans un enseignement sans structure
sur une infinité de sujets

franchement,
n'est-il pas venu
le moment de m'encrer à nouveau?

LA BELLE DAME SANS MERCI
(Keats, traduction)

Dis ce qui t'attriste tant,
chevalier en armure,
seul et traînant pâlement,

les herbes du lac s'étiolent,
aucun oiseau ne s'entend.

Dis ce qui t'attriste tant
chevalier armé,
perdu et hébété,

l'écureuil a tout enfoui
et la moisson est ensilée.

Je vois un liseron sur ton front
moite d'angoisse et de fièvre
et ton visage teint d'un rose
se fanant rapidement.

ALICE ELM

«J'ai croisé une dame frôlant les fleurs,
belle... une enfant fée,
son regard, si farouche,
sa chevelure l'environnant,
son pas ne froissant pas.

«Je lui tressai une couronne
et des rubans de fleurs
la parfumant.

«Comme si j'étais l'amour même,
son regard me dévorait
au son de doux gémissements.

«Contre son corps sur mon destrier,
j'ai traversé la journée
sans rien en percevoir,
elle, se penchant vers moi
au rythme de ses chants d'enfant fée,
me cueillant des racines sucrées,
un miel sauvage, la rosée d'une manne
et, à sa façon étrange,
disait m'aimer vraiment.

SANS L'EAU QU'IL ME FAUT

«Elle me guida vers sa grotte d'elfe
où elle ne fut plus que larmes et soupirs,
où j'ai baisé les paupières
de ce regard si sauvage,
où elle m'a bercé pour m'endormir
et j'ai rêvé, malheureux,
le pire des pires rêves
sur le flanc froid de la colline.

«J'y voyais tristes princes et souverains
ainsi que blêmes guerriers,
tous cadavériques,
clamant: *la belle dame sans merci t'a piégé.*

«Je vis leurs lèvres asséchées
moduler un cri d'épouvante
et me suis réveillé
sur ce flanc frais de la colline.

«Voilà pourquoi je rôde ici,
pâle et hésitant,
bien que les herbes s'étiolent
et qu'aucun oiseau ne s'entende.»

L'ÉTÉ

Tu nous quittes.
Tu me quittes.
Pour ton départ qui s'éternise
et qui permet encore le ciel intérieur de te vivre,
certains jours,
j'oublie de rendre grâce.

Malgré la tiédeur trompeuse,
tu t'en vas.
Et la promesse de ton retour
n'est pas consolation
quand je croise les indices éloquents de ton départ.

Je voudrais te retenir,
humainement impuissante à le faire
sauf de mon regard muet de reconnaissance

SANS L'EAU QU'IL ME FAUT

comme je reçois une vague de bienveillance,
tendre et maternelle,
sans comprendre comment
tu peux y parvenir
par ta seule existence.

VERS DÉCEMBRE MALAIMÉ

il y a encore cet érable qui couvre ma fenêtre,

je n'ai qu'à relever les paupières
pour que mon cœur se tourne vers lui,
pour me reprocher
de ne pas m'être tournée vers lui
en relevant les paupières,
plus tôt
ou plus souvent

je ne vois qu'une partie de sa magnitude
de feuilles encore accrochées,
irrémédiablement jaunissant,
beau comme le visage d'une personne aimée
et aussi touchant
et ce que je ressens quand je le vois m'étonne,
j'en suis molle de tendresse
et de reconnaissance,

SANS L'EAU QU'IL ME FAUT

surtout en ce moment
où ses couleurs déclinent,

désespérant de ne pouvoir retenir cet instant
comme la main d'une personne
que je ne veux pas laisser partir

et le mystère de vivre se perçoit autrement

comment est-elle possible
cette vague d'un délice suprême
née de mon regard
et de son existence?

4 et 22 novembre

PLUS TARD

Quand je serai vieille,
je serai cette détestable,
je chicanerai sur la quantité, la fraîcheur, le service
et le prix,
j'aurai cet air de désapprouver ton apparence, tes
gestes
et tes tentatives de m'amadouer
...ce plat, cette excuse de recette...
finalement, c'est trop froid!
«retournez l'assiette!!»
«oubliez le pourboire!!»

Mais quand donc serai-je vieille
si je ne le suis maintenant?
peut-être tomberai-je dans cette folie
d'avoir eu trop longtemps
droit à cette sécheresse de tendresse,

SANS L'EAU QU'IL ME FAUT

du désert de solitude
et qu'imprégnée de ma misère,
j'essaierai d'en infecter les malheureux
que je croiserai, qui sait?

PRÉDESTIN

...et puis voilà
mon vieux têtu frissonne,
le vent étant l'auteur du crime.

En milieu protégé,
à ma fenêtre,
s'étalent enfin ces squelettes enchevêtrés
et un peu de chair crispée.

Non, je ne suis pas pressée
de m'ébahir sur la neige,

tout en sachant
qu'il est probable
que je m'ébahirai.

ENCELADE

ma main brûle
entre son gant et l'ouverture d'une porte

ma peau brûle à l'ombre

les distances sont planifiées :
le temps d'exposition au souffle d'Encelade
est crucial
est cruel
est mortel

j'insulterais les snobs
des pathétiques files d'attente

je veux rappeler au mendiant que sa vie aussi
importe

pourtant on sort fêter
pourtant on sait jouer
en cette saison sur Encelade
alors qu'une courte exposition à son atmosphère
nous épuise

voilà qu'enfin la neige nous est accordée

une frontière nous retraverse
le temps tiédit
et la saison porte momentanément
un autre prénom

avant le retour
d'Encelade

CET ÉTAT-LÀ

c'est ce que je veux

cet état-là
c'est celui que je veux

l'abandon de toute pensée
d'un écho de mélodie
l'abandon de tout souvenir
et de ma volonté

larguer les amarres
tomber sans parachute

ce cœur qui se veut guimauve
le haut de mon corps qui tient à courber

l'état d'amour originel
c'est ce que je veux

mon identité fond
comme ma matérialité

lâcher prise
me libérer des emprises
fusionner de l'intérieur
à cet amour non délimité

c'est ce que je veux

MERCREDI MATIN

Mont-Royal matines,
voilée de nuit

Mont-Royal muette,
choquée de mon pas

ce pas tonnerre dans la bénédiction du silence
succédant au vacarme souterrain

ce pas écrasant la fine couche de blanc de blanc
tout juste déposée

dans le mutisme de la rue
je me repose
avant l'agitation inévitable

BIS

Avant le jour,
Entre les Ys de neige
De la forêt linéaire des avenues
Mont-Royal voilée de nuit est muette
Et choquée de mon pas tonnerre.

Il écrase la poudre tout juste tombée
Dans cette paix étonnante
Et altère son silence
Qui n'est que bénédiction.

Je quitte le vacarme des caravanes
Qui serpentent sous terre
Et repose dans le mutisme de la rue
Malgré mes pas.

PUR

elle est tombée en mode déluge
en mode délire

après la pluie
il a neigé

en trois temps
la mésange annonce
sa présence

noir
un chat se retourne
vérifie que je le suis
en un passage caché

un bal de blancheur froide
masque les formes
et tout indice d'époque
encore

ALICE ELM

sublime majesté
l'arctique urbain s'impose
en pur éblouissement

et je vais posément
émerveillée
entre rue et ruelle

ralentissant
prolongeant mon séjour
y tuant le temps

chez moi c'est ici
dans la lumière glacée

et je rugirais encore
du privilège
d'être déchirée
par tant de beauté

après la pluie
il a neigé

ABSURDE

Refusé, rejeté,
diminué, méprisé.

La richesse des jugements
pour l'attachement injustifié
permet la rime.

Si seulement j'arrivais à me taire,
à ne plus tant aimer
répéter ton prénom,

si seulement je cessais
de saisir tout prétexte
pour l'ajouter à ma conversation

ou au silence

ou à la solitude.

ALICE ELM

Bonne nuit Julian...
bonne journée Julian...

et *tutti auguri a ti.*

L'estime que je pourrais susciter
est diminué,
je suis méprisée, blâmée,
indexée, ignorée
et si lassante.

Cet élan tout tendre et rieur
qui me vient du ciel et de la terre
est le pire repoussoir
ou alors le meilleur.

Mon innocence n'a pas à être clamée
et je n'agirai pas
comme si tu ne comptais pas.

Ce chemin qu'est vivre
n'est qu'un long pèlerinage,
un chemin cahoteux où je me blesse

quand je me crois sauvée de l'impasse
de ton absence.

Ce n'est pas juste.

Je suis chagrinée
de mon coeur généreux
comme s'il n'était
que tare transmise,
ce pauvre amour libre,

non, ce n'est pas juste.

CHAILLOT

Le froid s'éternise
et je me crois la vieille dame de Chaillot
que les enfants pointent du doigt
et que les adultes dénigrent tout bas
pour son éternel manteau noir
qui prend des airs de guenille
ou de pelage d'hiver...

Et les bottes cintrées d'une poudre de sel
parce qu'on ne se donne plus la peine
après cinq mois.

Pourtant rien de tout cela n'est vrai
que dans mon souvenir
des agonies d'autres hivers.

Je fais l'effort de rester droite,
je rehausse mon manteau d'un peu de couleur,

SANS L'EAU QU'IL ME FAUT

le calcium ne masque pas non plus
le noir du cuir.

Non, rien de tout cela n'est visible.

La lassitude du temps
ne se devine
que dans la lenteur de mon pas.

NOCTURNE

Tout s'achète.
Alors centurion, prends ces pièces
Et silence!

Devant le corps éclairé de lune,
Joseph se demande si l'eau suffira,
Joseph se demande si les linges suffiront
Et doit agir avant que le sang
Trop ne sèche.

Son regard presque maternel
Parcourt le gisant,
Son manteau se retire,
Ses manches se relèvent.

Déjà le visage reprend une humanité,
Déjà la paix est sous les traits

SANS L'EAU QU'IL ME FAUT

Et l'homme lave le corps,
Essuie encore et encore
Pour détacher les tristes croûtes
Qui strient le tronc,
Qui sont des masses sombres sous les pieds.

Il purifie patiemment
Et agit doucement,

Comme s'il y avait encore quelque souffrance
À éviter.

Admiratif de l'albâtre
Et de l'ivoire de la peau,
Il se surprend à chuchoter.
Un psaume s'est marié à ses gestes.

Il serait déchiré et sans repos
S'il veillait ailleurs, séparé du corps
De l'homme de tant de bienveillance.

Sa part accomplie,
La fatigue le foudroie.

ALICE ELM

Un regard circulaire
Avant de retrouver l'aube
et un peu de sa rosée.

Et la vie d'amour
Qui a tout observé
S'approche
Pour s'investir à nouveau.

SANS L'EAU QU'IL ME FAUT

LA NEIGE DE MARS

l'immaculé et les ombres
de ce duvet illuminant la nuit

et ses amas fondant
quand les branches se délestent
me bombardant, piétonne,
dans le jour devenu tiède

la neige de Mars
et sa petite gueule de perfection

bien que manifeste d'hiver
et bien qu'éphémère

maquillage réussi
des nudités et des glaces grises
du béton des villes

ALICE ELM

une neige en mars
et l'hiver est pardonné
pour un bref moment de grâce

IL FAUT

que je te pardonne ce moment de tête à tête
qui n'avait pas de précédent
qui ne se répéta pas

et cette phrase unique
qui a mis un terme
à ma vie asexuée
à mon innocence
à ma candeur

elle a diabolisé tout homme

ces mots garantissant
l'inexistence de tendresse,
il faut que je te les pardonne

l'amour exécuté
en lambeaux
réduit à la soumission

une phrase, une seule,
et ma vie manquée

j'attends qu'elle ne m'inspire plus
qu'indifférence,
cette vie
que je n'ai plus que jouée

il m'a fallu vivre sans repère
parmi les monstres
en toute connaissance de cause

oui, c'est exactement
ce que l'enfant sauvage a compris

accepter que cet amour
en dix tomes
et en technicolor
se projette
sur un monstre

te fallait-il blesser,
remettre le mal
que tu avais subi?

SANS L'EAU QU'IL ME FAUT

te fallait-il remplir un devoir détesté?
ou toute autre explication?

car ma vie
demeure irréparable,
elle

je n'ai jamais trouvé
mes propres repères

mon credo inclura toujours
que le monstre est incapable d'aimer

j'en suis devenue physiquement sourde
à toute déclaration

et j'ai toujours peur pour l'enfant
dont la main se confie à celle d'un homme

ALICE ELM

LE SOURIRE DU MOINE

Après avoir croisé des gueules de galériens,
un sourire.

Un seul sourire
que tout un visage exprime
et m'offre.

Un sourire
débordant d'accueil.

Un sourire et je suis prise au cœur.

Consolation majeure,
rassurante,
je suis chez moi
dans ce parfum qui flotte
et la quiétude,
je suis chez moi.

SANS L'EAU QU'IL ME FAUT

Le repos est donc possible ici?
La paix se goûte donc ici?

La voûte ne s'est pas ouverte
sur un rayon céleste,
aucune poudre
n'est descendue sur moi
pour me signifier Ta présence.

Pourtant,
une élucubration de bonheur sautille
et pétille comme flamme en mon corps
pour avoir obéi à l'ordre de me rendre,
pour être arrivée la première
et recevoir les étincelles
de ce parfait sourire.

AU TSS

À quoi ça rime,
Seigneur,
ce remous dans le coeur,
est-ce du déjà vécu?

L'aperçu d'une robe noire ondulante
au rythme d'un pas
chaussé de sandales
remue-t-il une mémoire
d'une vie avant celle-ci?

Quel est l'écho intérieur
que je devrais entendre?

M'arrêter ne semble
pas permettre que surgisse
une vieillerie,
une impression antique.

SANS L'EAU QU'IL ME FAUT

Ce n'est pas cet individu
ni cette cheville,
ni un souvenir d'Assise,
mais la sandale
et un bout de ceinture d'un cuir vieillissant
sur cette robe noire.

Si je n'étais que devant une image figée
en serait-il ainsi?

Non,
absolument pas.

Quelque chose inoffensif et joyeux,
innocent même,
joie gentille qui danse
discrètement
de toute évidence,
comme un retour à la maison.

Que significa?

ALICE ELM

L'EAU QU'IL ME FAUT

Impossible était-il déjà présent
à l'origine des possibles?
Peut-être.

Ce jardin,
je peux y rêver,
t'y couvrir de tendresse,
me repaître de gestes imaginés

et t'aimer à répétition
comme refrain de chansons.

Dans l'intensité de ta présence
quand la rêverie rejoint ton existence
hors du chemin de l'ici et du maintenant
tu es là,
tu es là, vraiment

SANS L'EAU QU'IL ME FAUT

et c'est toute l'eau qu'il me faut
pour encore sourire
sur ce mince fil entre nous,
fidèle gardien de nos mémoires,
fidèle germe des possibles
de cette vie
qui demeure
indestructible.

ILLUSION

Et je prie au nom de ceux qui ne savent pas,
Qui ignorent tout de Toi,
Qui ne croient plus,
Qui résistent.

Je prie à leur place,
À leurs places

Et dans cette intention
Alors que mon regard devient indéfini,
Je me crois debout au milieu d'un jardin,
Confondant la pierraille du sol
Pour une abondance de fleurs
À mes pieds.

Même plus loin,
À mes yeux,
Le sol n'est que bosquet d'étoiles minuscules
Entre les bancs
Du sanctuaire.

RIMOUSKI

Pastille d'incandescence,
Le soleil rampe vers un ailleurs
Entre des tranches d'horizon enfumé
Alors que je borde la marée basse,
En son relent
Où se marient iode
Et microcosmes pourrissant.

ALICE ELM

OTTUBRE

octobre bien-aimé

mon regard s'accroche à tes branches lourdes
pour les soutenir
m'espérant le don de prolonger

octobre et toute cette flore
rougissant si timidement
en tes débuts

octobre empruntant à septembre et à l'avenir,
remédiant à cette blessure d'été
effervescent
exagéré
tropical
intoléré

SANS L'EAU QU'IL ME FAUT

doux octobre d'amour
me contant fleurette
sur les chemins de ma ville,

m'amadouant
pour le devoir à venir
du courage quotidien
d'honorer les humeurs qui reviennent
et qui seront sibériennes

ARGHHH

Ce soleil que je croyais éteint
Me transperce aujourd'hui,
Squatte cette nouvelle saison
Sans ingérence de ma part.

Il veut pulser
Et vraiment,
Je préférerais rire avec lui
En me réveillant le matin.

Je préférerais aussi
Voir se fermer ses yeux
Pour les rêves de chaque nuit,
Et tout partager entre rires et rêves,
Ou presque.

Mais voilà,
Tout encagée que je suis

SANS L'EAU QU'IL ME FAUT

Dans cette réalité terrestre,
Il peut, lui, mon astre,
Toucher ma gorge,
Et mouiller mes joues.

Il est ma survie
Du côté bonheur
Tout en étant l'unique cause
De cette éternelle famine
Côté cœur.

Alors Seigneur,
Est-ce un problème de mécanique?
Quel outil
Ou quel ange
Se penchera sur ce dérèglement?

Envoie ton général vainqueur
Qu'il déloge ce mystère.

Ou alors, Seigneur,
Sors de Ta nacelle dorée
Pour murmurer ces mots
Qui me consoleront de cette anomalie

Dont le cœur bat toujours
Sans avoir eu ma permission.

Car vraiment,
Secrètement enragée,
Je veux tout briser,
Forcer le partage de mon impasse
En fracassant des objets sans vie,
Espérant ainsi
Conjurer le mauvais sort.

Et tous ces mots me semblent bien tranquilles,
Tièdes,
Vraiment tièdes,
Inappropriés
Et insuffisants
Alors que je veux faire tempête
Et extirper cette rage souffrante
Du volcan intérieur.

SANS TRANSITION

Malgré le sol tapissé de blondeur et de rouille,
la forêt urbaine est encore chargée
d'un feuillage entêté
bien que pâlissant
bien que s'asséchant

et ce paysage aimé
qui me prend au coeur
encore,
semble une anomalie,
tant cet octobre se hâte vers l'hiver
ou lui ouvre la porte
un peu tôt,
un peu trop tôt,
nous toussons

et les saisons se succèdent ici
sans transition,
nous disent les étrangers,
qui goûtent à ces extrêmes
qui nous étonnent nous-mêmes.

JE QUITTAIS

bien que de moi à moi
mes mains se désunissant
d'un moment de prière
je quittais
procédais à mon départ
mais ce contact d'un petit coin
du pays de ma peau
a réveillé une absence

elles se sont souvenues du contact d'autres mains

je veux dire
de l'absence de contact

d'un peu de cette surface
juste parfaitement douce
comme une part de levain
et chaude comme la vie peut l'être

ALICE ELM

et je rêve d'une main
généreusement abandonnée
me permettant de la lire
comme un texte d'un braille émouvant

admirative de son exquise complexité
comme si j'étais de mars

oh, il y eut bien d'autres mains,

mais y en aura-t-il une nouvelle
un jour
pour plus qu'un échange formel

il doit bien en exister une
à découvrir
sur un autre continent
sur une autre île

et là que je m'arrête
pour palper le manque
il me vient
qu'il y eut bien cette main en avril

SANS L'EAU QU'IL ME FAUT

abandonnée et consentante
qui m'a infectée
en deux secondes

(mes genoux ont fléchi
mon identité est devenue vague)

éblouissement accidentel

au point que la vie n'est plus devenue
qu'un désir d'être au service
de celui qui m'avait tendu sa main
comme un piège

me laissant infectée
d'un malaria
non épisodique

heureusement,

heureusement,
il y a le stoïcisme
et la raison

et
je ne peux plus me permettre
de ces contacts

mon coeur est devenu
si vulnérable

et je dois m'habituer
à porter des gants

LE MASQUE

Elle change tout,
mais surtout,
freine la course.

On se désoblige,
on ralentit,
on s'arrête pour écouter.

On se barricade aussi,
impuissants mortels.

Elle vénère le silence,
l'impose,
étouffant les appels
et le vacarme

même si les jurons
s'incrustent sous les roues.
Car elle change tout.

La neige spectralise le vent
indéfinit les formes de la ville
qui subit ce nouveau blanchissage,
pour l'heure,
poids léger

alors que j'écris
à la lueur de flammes
pour ne pas gâcher le spectacle.

Et comme elle masque tout ainsi
sous le réverbère,
Je devrais retrouver des indices
de mon époque préférée.

ENCORE

La mer m'a avalée.

Déjà, à mon réveil,
j'étais piégée en ses profondeurs,
environnée de désarroi,
mes bouées de sauvetage sans effet
pour me maintenir à la surface.

La mer m'a avalée
alors que je rêvais
à mes malheurs.

Il faut,
Je dois,
retrouver l'air libre.

ALICE ELM

Mais comment fait-on déjà?
Faut-il connaître la phrase magique?
Dois-je me libérer des bouées?

Et puis,
c'est comment là-haut?
Est-ce pire?
Y a-t-il tempête par là?

Ou ferais-je mieux d'attendre,
de muer
pour utiliser des branchies?

Une mer d'angoisse m'a avalée,
encore.

Encore!!

Ses courants font que mon coeur
est pris au piège de ses remous.

Et il est inconcevable
de seulement me rappeler

SANS L'EAU QU'IL ME FAUT

qu'il y a une fin au tourbillon,
mais encore plus qu'il existe du secours
ou que j'aie un quelconque pouvoir
sur cette masse d'eau salée.

ALLEGRI

son psaume habite tout l'espace

je suis seule
avec lui

des souvenirs de voix
me soulèvent
me font glisser dans un temple sonore
vers le centre
sous la coupole

je m'y retrouve
transmutée
flottante
immatérielle

les paroles sont imprécises
dans la réverbération

SANS L'EAU QU'IL ME FAUT

miserere pleure-t-il
et tout son regret
et toute l'ampleur d'une faute
et l'ampleur de toutes les fautes
les siennes peut-être
celle des autres
les nôtres

et faire l'aveu du bonheur
du regret de sa faute
qui le conduit
extasié
à toucher le divin

et je m'accorde
à son élan de ferveur
qui ne vieillit pas
ne se démode pas
ne s'altère pas

qui me conduit
à travers la difficulté
de me savoir imparfaite

je reprends le chemin suivi
et le supplie
d'un encore
figée dans la beauté de son œuvre

et le supplie
de prier encore

et encore

EXPLORATEUR

Ouvrir le chemin
ce privilège

faire les premiers pas
dans la neige

preuve de témérité
preuve d'aventure

premier pas sur une Nouvelle Terre

premiers pas sur la Lune

aller de l'avant
aller vers l'inconnu

trouver un sol
parcouru d'eau

cette soif curieuse de la différence
pour finalement installer
une vie identique à l'ancienne
avant quelques efforts d'adaptation

gène aventurier
gène de survie
que nous portons tous
qui ne s'est jamais résorbé

PLUS CAPABLE – BIS

Il y a équivalence.

Ici, la violence
est ce froid continu.

Ces gifles contre lesquelles je proteste
en ne protégeant pas mes mains,
en ne protégeant pas mon visage,
bravade ultime
du combattant
qui a rejeté son armure
pour faire face à mains nues.

Ce froid
qui me fait soliloquer
à ce comptoir
où le commis détourne la tête,
où le commis a d'autres problèmes :

ALICE ELM

l'îlot six n'est jamais venu payer
le liquide de dérèglement
qui cause ce froid,
dit-on,
et mes protestations.

Dans cet hiver
cruel comme l'indifférence,
vers quel point cardinal
volent les oiseaux?

Une traversée de désert,
un aller simple sur l'océan,
un deuil
ne sont-ils pas équivalents?

On ne voit pas la fin des étendues
ou de l'étendue du malheur

et on en veut au météorologue
comme à un menteur de bonne aventure.

Au commis au comptoir
je dis qu'il est bien là où il est

SANS L'EAU QU'IL ME FAUT

et que je serai bien
moi aussi
chez moi

et lui se détournant
je constate :
quand l'hiver me gifle encore,
je ressemble de plus en plus
à nouveau
et à s'y méprendre
à la vieille dame de Chaillot.

ALICE ELM

PERPÉTUITÉ

Je veux ressusciter,
je le dois.

La tristesse en veut à ma vie,
lui nuit.

Je veux ranger cette vie
bien qu'endommagée par la mer,
fripée, froissée,
recollée, racornie.

Je dois changer de tome
ou d'ère
ou de sujet
sans brûler ce qui fut
qui a sûrement sa valeur
d'expérience pour compassion.

SANS L'EAU QU'IL ME FAUT

Ce n'est qu'une histoire
à laquelle il ne faut plus croire.

J'ai eu trop froid
hors de ce courant sans amour,
mon corps est blessé de tristesse

et finalement

ou enfin...

Made in the USA
Columbia, SC
08 March 2020